環境学習に役立つ！

わたしたちの地球環境と天然資源 ①

水

新日本出版社

はじめに

地球の未来を考える

　いまから50年以上前の1963年、地球を「宇宙船地球号」と名づけ、かぎられた資源しかもたない宇宙船にたとえた学者がいました。バックミンスター・フラーというアメリカの建築家・思想家です。地球には、当時、約40億人（現在は約70億人）の人間が共存していました。その、地球という名の宇宙船に、動物も植物も、土や大気や石さえもが、いっしょに乗りあわせた乗組員だというのです。

　ところが、一乗組員にすぎない人間は、ほかのなかまたちのことをあまり考えずに、自分たちの思うようにすべてができてしまうかのように考えてしまったようです。地球から水や空気、石炭や石油などの資源をふんだんにつかい、自分たちの幸福だけを追求してきたのです。その結果はみなさんが知っている通りです。オゾン層の破壊、温暖化、酸性雨、砂漠化、大寒波、異常気象、水不足、水質汚染……など、地球号はいまたいへんな問題をかかえてしまっています。
　いったい、現在の宇宙船地球号は、どのようになっているのでしょう。

　わたしたちは、地球号のありさまを知りたくて、いろいろな角度から地球を見ていこうと考えました。身近なところでおきているさまざまな問題を見ていくことで、実際、地球になにがおきているのかをつきとめていくのです。
　しかし、ただ現状を見ていくだけではありません。わたしたちの身近にどのような問題がおきているのかを知ることで、地球号の未来を想像し、乗組員であるわたしたちは、その問題に対してどんなことができるのかを考えるのです。

　このシリーズでは、下のように、地球の貴重な資源を6つのテーマにして、それぞれにどんな問題があるのかを見ていきます。わたしたちは、宇宙船地球号とともにどのような未来へと進んでいったらよいのでしょう。みなさんとともに、地球の未来を考えていくことができたらすてきです。その思いでこの本をつくりました。この本で地球について深い興味を感じた人のなかから、将来、地球号の未来を真剣に考える人がどんどん出てくれたら、こんなにうれしいことはありません。

❶ 水　　❷ 森　　❸ 土
❹ 空気　❺ 光　　❻ 熱

こどもくらぶ

もくじ

はじめに ………………………………………… 2
青い地球は、水の惑星 …………………………… 4
利用できる真水は、これだけ！ ………………… 6

考えてみよう1　水道の水は飲めてあたりまえ？ …………………………… 8
考えてみよう2　日本は水にめぐまれた国？ ………………………………… 10
考えてみよう3　ひとりあたり一日につかう水の量でいちばん多いのはなに？ … 12
考えてみよう4　わたしたちは50リットルの水で一日をすごせるだろうか？ … 14
もっと考えよう　一日50リットルの水で生活体験！ ……………………… 16
考えてみよう5　わたしたちの生活は、水によってどれだけささえられている？ … 18
もっと考えよう　ハンバーガー1個つくるのに水1トン！ ……………… 20
考えてみよう6　地球上の水がなくなるってことがありえる？ …………… 22
考えてみよう7　そもそも、水はだれのもの？ ……………………………… 24
考えてみよう8　海水を真水にすることができたら、水不足は解消できる？ … 26
もっと考えよう　日本は飲食店の水を有料にすべき？ …………………… 28

用語解説 …… 30　　さくいん …… 31

この本の見方

この本では、わたしたちの命にとってかけがえのない「水」について、どのような問題があるのかを見ていきます。そして直面する問題に対して、どんなことができるのかを考えながら読んでいってください。

このページでみんなに考えてほしいテーマ。

本文で取りあげた内容に関する数字的な資料をグラフなどでわかりやすく紹介。

本文をよりよく理解するための、さらにくわしい情報。

青字のことばは用語解説（→p30）でくわしく解説。

「もっと考えよう」のページでは、取りあげたテーマについて、さらに深くほりさげて、最新の話題や関連する情報などを紹介。

水が「液体」として存在できる惑星

太陽系のなかで、水が「液体」で存在する惑星は地球のほかにありません。太陽に近い水星や金星では、太陽熱のために水はすべて水蒸気になってしまいます。一方、地球のすぐ外側の火星では、低温のために水はこおってしまいます。太陽からの距離がほどよく、水が液体で存在できるおかげで、生物がすみやすい環境ができているのです。

青い地球は、水の惑星

地球上の水は循環している

水は不思議な物質です。液体（水）、固体（氷）、気体（水蒸気）といった3つのかたちがあり、その状態の変化が日常的に見られます。また、固体のほうが液体よりも軽くなるという、物質のなかでもとてもめずらしい性質をもっています。水は、主として海からたえず蒸発して空へのぼって雲（とても小さな水や氷のつぶの集まり）となり、雨や雪になって地上にふり、一部は地面にしみこんで地下水となります。しみこまなかった水は地表を流れて川となり、海に流れていきます。地球の水は、ぐるぐるまわっているのです(→p10)。

最初の生き物は海から生まれた

地球に海ができたことから、太陽系のなかではただひとつ、生き物がたくさんすむ星になりました。いまから約35億年前、地球に生まれた最初の生命は、海から発生したと考えられています。海水のなかにとけこんだ酸素や炭素、水素や窒素などが組みあわさって、有機物が生成され、細胞とよばれるとても小さな生命体がつくられたというのです。

© NOAA Climate Program Office, NABOS 2006 Expedition.

宇宙から見た地球です。青く見えるのは海です。地球の表面の約7割は、海水でおおわれています。白く見えるのは雲です。その雲もやがて雨や雪をふらせます。地球が「水の惑星」であることがわかります。青い海、白い雲、緑色の森、茶色の大地。生命にむすびついた色にいろどられた、こんな星は、宇宙のなかでも、地球以外には見つかっていません。

©NASA

生命を守ってきた、母なる海

地球に生命が生まれたころ（35億年ほど前）、陸には太陽からの紫外線がいまの数倍もあり、生物が生きていくには危険でした。だから生命が存在できる環境は、光のとどかない海のなかだけでした。長いあいだ、海の環境を体内に取りいれながら、生命は進化をつづけてきたのです。陸上の生き物の体液が、海水の成分とおどろくほどよくにているのはそのためだといわれています。

飲んだり生活につかったりできるのは、真水

地球にある水のほとんどは、海水です。海の水は塩分をたくさんふくんでいるので、人間や動物は、海水を飲むことはできません。そのまま畑や花だんにまいても植物は育ちません。人間が飲んだり、生活につかったりできる水は「淡水（真水）」だけです。地球上の水をおふろ1杯分にたとえると、人間がかんたんにつかえる水の量は、両手にすくった量ほどなのです。地球に存在する真水は水全体の2.5%ですが、その7割は北極、南極の氷で人間が実際につかえる水は0.01%程度です。

利用できる真水は、これだけ！

表面をおおう水を集めた球

真水を集めた球

湖と川の水を集めた球

食べ物をつくるにはたくさんの水が必要！

水は、植物から人類まで、地球上のすべての生き物にとって欠かせません。農作物を育て、家畜を飼育するのにも、じゅうぶんな水が必要です。世界中でつかわれている水の70%は、農業用水です。雨がふらなかったり、川の水や地下水がかれてしまったりして、水不足になれば、農作物は育たず、家畜は死んでしまいます。それは、食べ物がなくなるということを意味します。

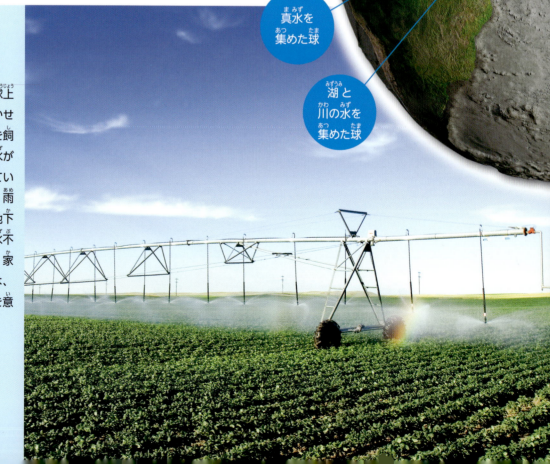

水がないと生きていけない

人のからだは赤ちゃんで体重の約75％、大人の男の人で約60％が水でできています。しかし、つねに水はあせやおしっことなってからだから出ていきます。水がわずかに不足しただけでもイライラしたり、気分が悪くなったり。水がじゅうぶんにないと「脱水症」になることもあります。そのため、出ていった水とほぼ同じ量の水を補給しなくてはなりません。人は食べ物がなくても数週間生きられますが、水がないと数日しか生きられないのです。

左の図に見るように、大西洋の海底にちょこんと乗っている小さな水色のボールが、地球上のすべての水です。ほとんどは海水で、真水はさらに小さなボールです。しかも真水の大半は、北極や南極の氷です。こおっていない真水の多くは地下水で、その半分以上が地下800mよりも深い地層にあり、かんたんに利用できません。わたしたちがすぐにつかえる真水は、地球の表面の川や湖、沼などにあって、いちばん小さな水色の点ほどです。

よごれた水はないのと同じ

水がきたなくて、飲むことができなかったら、どうなるのでしょう。世界には、きれいな飲み水がないところがたくさんあります。2015年時点で、約8億人が安全な飲料水を利用できていないだろうといわれています。さらに、水道設備がととのったところでも、下水処理をきちんとして、つかったあとのよごれた水をきれいにしなければ、安心して水を飲むことができません。

考えてみよう 1

水道の水は飲めてあたりまえ？

日本では、長年にわたる設備普及で水道のじゃぐちをひねれば、あたりまえのように水が出てきて、そのまま飲むことができます。しかも、水道法という法律で、水道水の水質基準が定められています。でも、水道水を安全に飲める国は、世界中でもごくかぎられています。衛生面でも安心な水道水がいつでもつかえるのは、とてもしあわせなことです。

グラフでチェック 日本の水道普及率

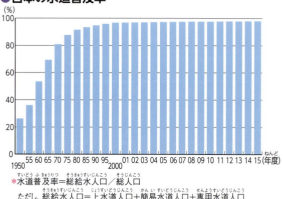

●日本の水道普及率*

*水道普及率＝総給水人口／総人口
ただし、総給水人口＝上水道人口＋簡易水道人口＋専用水道人口

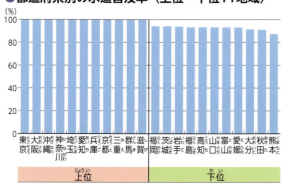

●都道府県別の水道普及率（上位・下位11地域）

出典／厚生労働省「水道の基本統計」より作成。

太平洋戦争が終わって1950年には、おおよそ4分の1ほどだった水道普及率。それが1960年代には過半数にとどき、1970年代で80％、1980年代で90％をこえ、2013年には97.8％に達した。

大都市圏と近畿地方での普及率が高い。いちばん普及率が低いのは熊本県（87％）だが、これは、地下水をくみあげて飲用の井戸をつかう世帯が多く、上水道を必要としない場所が多いためだという。

水道の水は、そもそもどこから来るの？

水道水のもとになる水は、地下水や川の水です。さらにもとをたどると、水源の森にふった雨や雪です。

日本では、川や地下水などから引いてきた水は、人が飲む前に細菌やよごれを取りのぞくために、浄水施設に送られます。そこで水のなかにいる細菌などが薬品や微生物などで処理され、人が安全に飲める水になります。人が飲めるようになった水は、水道管を通って、わたしたちの家や学校、工場などにとどけられます。しかし国によっては水道管から水がもれてしまったり、浄水施設がととのっていなかったりして、水道水をそのまま飲むことができないところもあります。さらに、水道自体が引かれていない国もあります。

日本で水道が発達した理由

日本では、江戸時代には都市に上水道網が引かれ、人びとは、じゃぐちならぬ井戸から自宅まで水を運び、飲み水はたえず新しくしておくなど、水をたいせつにつかいました。幕末のころ、コレラなどの感染症が大流行。感染症は水などを介して広がるため、1887（明治20）年、衛生的で安全な飲み水を供給する水道の設備が確立され、都市を中心に水道が整備されていきました。

水道のない国や地域では

日本のように国土がせまく、人口が集中していると水道の整備もしやすいですが、面積が広い国は、その分、設備をつくるのがたいへんだし、お金もかかります。水道のない国では、人びとは、川や湖、井戸まで歩いて水をくんできます。水くみのために、学校に通う時間のない子どももいます。

世界の国や地域では、水道をつかえない人たちがまだたくさんいる。2015年時点で、世界の21億の人が安全な水を自宅で利用できない環境にある。

考えてみよう 2

日本は水にめぐまれた国？

日本では梅雨や台風の時期にかけて雨がたくさんふります。
しかしせっかくふった雨も、蒸発したり、
海へ流れてしまったりするので、
ふった雨のすべてを利用できるわけではありません。

水のゆたかな国・日本を象徴するような田んぼ。日本各地に見られる風景だが、けわしく急な山が多い日本では、先人たちが知恵をしぼってさまざまなところに田んぼを切りひらき、じょうずに雨水とつきあってきた。

● 地球の水の循環

水蒸気の移動 40
降水 111
蒸発 71
陸から海へもどる流れ 40
蒸発 425
降水 385
海
陸

地球規模での水のおもな循環は降水、蒸発、水蒸気の移動の3つの経路でおこなわれている。
1年間の地球の水の動きは、海から425兆トンが蒸発し、海への降水が385兆トンで水蒸気として40兆トンが陸上へ移動する。それに陸上での蒸発量71兆トンがくわわり、降水として111兆トンが陸上にふりそそぐが、河川などを通して40兆トンが海へ流入する。結果、海から蒸発したうちの40兆トンが陸上に降水としてふりそそいでも同量が海にもどるので、海水の蒸発する425兆トンは保たれる。

参考／日本海事広報協会

ひとりあたりがつかえる水の量

日本は、世界のなかでも雨がたくさんふる地帯に位置しているので、年間降水量だけ見ると、世界平均の2倍ほどもあります。

しかしせまいところに多くの人がくらしているので、ひとりあたりの年平均降水量は約5000m³／人・年と、世界平均の4分の1ほどしかありません。日本は「水にめぐまれた国」とは、決していえないのです。

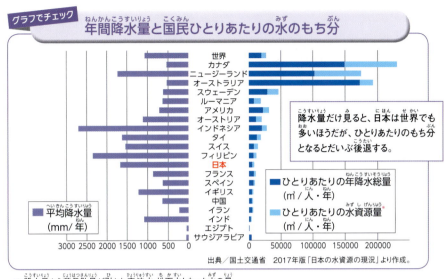

グラフでチェック　年間降水量と国民ひとりあたりの水のもち分

降水量だけ見ると、日本は世界でも多いほうだが、ひとりあたりのもち分となるとだいぶ後退する。

- 平均降水量（mm/年）
- ひとりあたりの年降水総量（m³／人・年）
- ひとりあたりの水資源量*（m³／人・年）

出典／国土交通省　2017年版「日本の水資源の現況」より作成。

＊降水量から蒸発散量が引かれ表流水・地下水となった水の量。

雨の少ない時期は水不足、多い時期は水災害

日本列島は山が多くて川が急なため、ふった雨の多くは海に流れでてしまいます。また、雨の多い時期が梅雨や台風シーズンに集中するので、1年中平均して雨にめぐまれているわけではありません。そのため、日本でも水不足がおこっています。

また、梅雨前線や大型台風などに左右されて、雨の多い時期には地域によっては洪水や浸水などの災害にあうこともあります。

大雨がふると、川の水量があがり、洪水がおきることもある。洪水は作物をだめにしたり、家いえに浸水したりする。

洪水をふせぐ田んぼ

田んぼには畔があるので、降水時に水をためることができます。しかも田んぼの土壌には「作土層」と「鋤床層」があります。「作土層」は稲の根が養分をよく吸収できるようになっています。「鋤床層」は土をかためて水田の水を地下へ通しにくくして水田の水を保持する役目があります。つまり、水田は「ダム」として、下流域の洪水被害を軽減する役割もあるのです。

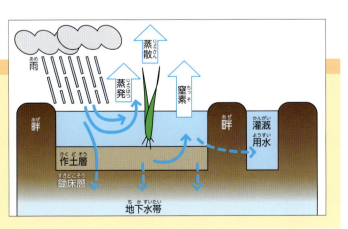

考えてみよう 3

ひとりあたり一日につかう水の量でいちばん多いのはなに？

日本人がひとりあたり一日のうちでつかう生活用水のうち、いちばん多いのは、おふろやシャワーでつかう水です。便利な生活では水を多くつかうようになりますが、くふうや取りくみ方によっては節水もできます。

●水道水をつかった水の使用量

洗面・手あらい	1分間流しっぱなしの場合	約12リットル
歯みがき	30秒間流しっぱなしの場合	約6リットル
食器あらい	5分間流しっぱなしの場合	約60リットル
シャワー	3分間流しっぱなしの場合	約36リットル

参考／東京都水道局

じゃぐちから水が1秒に1滴もれるだけでも、一日に20リットル以上の水をむだにすることになる。1分間流しっぱなしで12リットル（2リットルのペットボトル6本分）。「ためあらい」や「つけおきあらい」、こまめにじゃぐちをしめることで節水ができる。

生きるために必要な水と、生活するためにつかう水

生きるためだけに人間がひとり一日あたりに必要な水の量は約3リットルとされています。しかも食べ物にふくまれる水分や食物を分解する際に生じる水分が、あわせて1リットルほどあるので、液体として飲む水は、2リットルたらずです。これに対して、日本人ひとりが家庭でつかう生活用水は、平均して一日あたり219リットルといわれるほど多いのです（2015年度東京都水道局調べ）。家庭での水のつかわれ方のうちわけは、右の通りです。

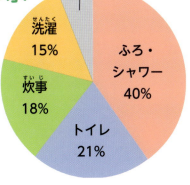

出典／東京都水道局 平成27年度 一般家庭水使用目的別実態調査より作成。

便利な生活は水をつかう

1965年とくらべて、いまは日本人ひとりあたりが一日につかう生活用水の量は、最大時で約2倍にふえました。そのあいだの人口増加や経済活動の拡大にともなって、全体の使用量は約3倍以上です。その理由は、高度経済成長によって生活がゆたかになったからです。全国的に上下水道の整備が進み、水洗トイレやシャワーつきのユニットバス、電気洗濯機などが広く家庭にも普及していき、日常的に水をふんだんにつかう生活へと変化していきました。しかし、1998年ごろをピークに、水まわり製品の節水機能の向上や、人びとに節水意識の高まりなどがあり、ゆるやかに使用量がへってはきています。

グラフでチェック 生活用水使用量の変化

ここでいう生活用水とは、家庭でつかわれている水と、オフィスやホテル、飲食店などでつかわれている水をあわせたもの。

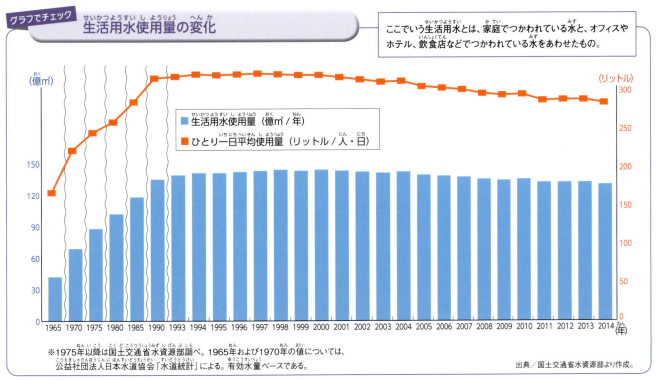

※1975年以降は国土交通省水資源部調べ。1965年および1970年の値については、公益社団法人日本水道協会「水道統計」による。有効水量ベースである。

出典／国土交通省水資源部より作成。

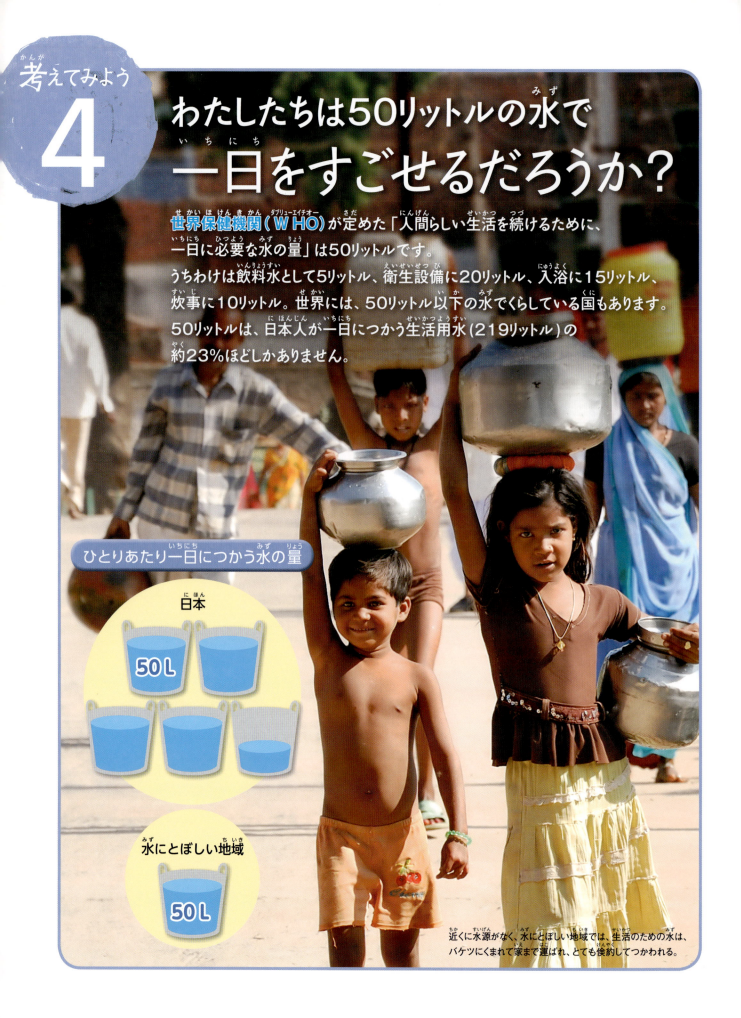

考えてみよう 4
わたしたちは50リットルの水で一日をすごせるだろうか？

世界保健機関（WHO）が定めた「人間らしい生活を続けるために、一日に必要な水の量」は50リットルです。
うちわけは飲料水として5リットル、衛生設備に20リットル、入浴に15リットル、炊事に10リットル。世界には、50リットル以下の水でくらしている国もあります。
50リットルは、日本人が一日につかう生活用水（219リットル）の約23％ほどしかありません。

ひとりあたり一日につかう水の量

日本
50L

水にとぼしい地域
50L

近くに水源がなく、水にとぼしい地域では、生活のための水は、バケツにくまれて家まで運ばれ、とても倹約してつかわれる。

日本人はぜいたくに水をつかっている

世界でひとりが一日に生活につかっている水の量を地域別に見てみると、下のグラフのようになります（1995年時点）。11ページで見てきたように、日本は雨は多いけれど、ひとりあたりの水のもち分は下位にありました。それにもかかわらず、水の使用量は上位にいるというのが現状です。

水にとぼしい地域では

日本人は水が豊富につかえることや、きれい好きな性格なども影響して、水洗トイレがあるのはあたりまえと感じています。毎日のようにおふろに入り、それほどよごれていないのに洗濯したりするなど、水をおしみなくつかう生活です。

しかし、世界を見わたすと、水にとぼしい地域では、どろのような茶色の水があたりまえ、トイレが水洗であるはずもなく、おふろやシャワーはすべて川で水あびといったくらしをしているところも少なくありません。水をつかいたくても、つかえる水が近くにないのです。

ひとり一日あたり最低限といわれている50リットルの水がつかえない国が55か国、さらに30リットル以下の水でくらしている国が38か国もあります。

50リットルって、どのくらい？

2リットルのペットボトル25本で50リットル。洗顔などで1分間水道水を出しっぱなしにすると12リットルだから、それだけで4分の1くらいつかったことになります。

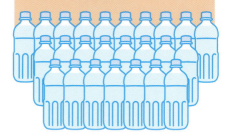

グラフでチェック　世界の地域別ひとりあたり一日の生活用水使用量

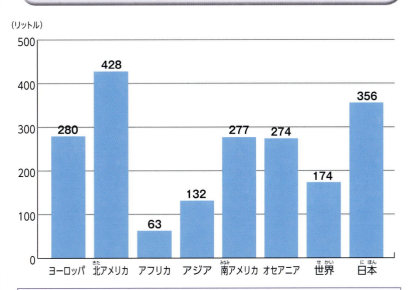

地域	リットル
ヨーロッパ	280
北アメリカ	428
アフリカ	63
アジア	132
南アメリカ	277
オセアニア	274
世界	174
日本	356

この資料は1995年のもの。ひとり一日あたりの生活用水の使用量を地域別にくらべると、北アメリカがいちばん多く、日本がヨーロッパをぬいて2番目に多い。いちばん少ないのはアフリカで、日本の5分の1以下しかない。日本の生活用水の使用量はゆるやかにへってはきているが（→p13）、それにしても、その量は、世界の平均より多いほうになる。

出典／農林水産省「世界の水資源と農業用水を巡る課題の解決に向けて」より作成。

もっと考えよう

一日50リットルの水で生活体験！

「50リットルの水で一日すごしてみよう」という体験授業をおこなっている先生がいます。水ジャーナリストの橋本淳司さんです。どのようにして一日50リットルの水での生活体験をするのでしょう。誌面でいっしょに体験してみましょう。

一日につかう水の量は？

教室のまんなかにあるのは、50リットルに相当する25本の2リットル入りペットボトルです。

 これだけの水で一日すごせると思う人は手をあげて。

子どもたち、みんなが手をあげる。

 それでは、朝から夜まで、いったいどれほどの水をつかっているか、だれかの例を見ながら確認してみよう。

ある男の子の例

飲んだ水の量
2リットル

＋

洗顔・歯みがき（3分間、水を出しっぱなし）
12リットル×3＝36リットル

ここまでで2リットル入りのペットボトル**19本分**
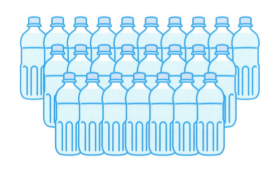

＋

トイレ（一日8回いった）
10リットル×8＝80リットル

この時点でペットボトル**59本分！**

＋

シャワー*（10分間）
8リットル×10＝80リットル
＊水量をへらした節水シャワーの場合。

すでにペットボトル**99本分！**

 わたしたちがどれほど水をつかっているかがわかるね。人間らしいくらしをするために一日に最低限必要な水の量は50リットルといわれているけれど、わたしたちがいかにひごろから恩恵を受けているのかもわかるね。

一日50リットルの生活を体験

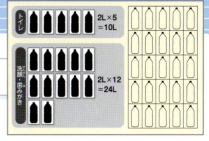
カードのイメージ

朝、学校に集合したみんなに、25本のペットボトルがえがかれたカードがくばられます。

　朝おきてからここにくるまでに、水をつかった子、手をあげて。

　洗顔・歯みがきをしました。

　トイレにいった。

　水をつかった子は、その分、ペットボトルを黒くぬってね。そうすればつかえる水がどれくらい残っているかがわかるから。

　え？　もうはじまってるの？

　うん。洗顔・歯みがきをした人のなかで、水をとめながらした人はいるかな？

　しまった！　出しっぱなしでやっちゃった。

　今日は、人間らしいくらしをするために一日に最低限とされている50リットルの水で一日をすごしてみます。

みんなに2リットルのペットボトル1本をわたす。

　これは飲み水。人間が生きていくのに必要な一日の水の量だよ。さあ、ペットボトル1本分を黒くぬってね。

ルールはこれだけ。5人ずつのグループにわかれて「水をどうつかうか」を考えはじめる。その結果、みんなから出たアイデアはつぎの通り。

① トイレ（小）は3、4回に1回流す。1時間に1回でもいい。でも大は流す。
② トイレ（大）の場合は屋外のくみとり式をつかう。
③ 洗顔・歯みがき・シャワーは水をとめながらやる。
④ つかえる水をペットボトルにくんでおいて、あとどれくらいつかえるかわかるようにしておく。
⑤ 洗顔・歯みがき・手あらいは夜までペットボトル1本でやる。
⑥ ペットボトル2、3本分の水でからだをふく。
⑦ ペットボトルの下にあなをあけて、3本分だけシャワーをあびる。
⑧ いまつかえる全員の水をあわせて、みんなでつかう。そうすればおふろにも入れるかも。

みんなで話しあった結果、⑧番と⑤番のアイデアが採用されました。ペットボトル1本に手あらい用の水道水を入れて、全員にわたします。これで、残りの水の量は1890リットルです。

いったん解散して、夕方5時にふたたび集合。先生は、子どもたちがつかった水の量を集計していきます。飲み水と手あらい用の水はわたしているので、トイレで流した回数をかぞえます。合計174回。1回の水の量は10リットルなので、合計すると1740リットル。これで残りの水の量は150リットル。全員でつかえる水はおふろのバスタブ一杯分にたりませんでした。

その夜、子どもたちにはひとり3リットルのお湯がくばられました。結局、洗面器にお湯を少しずつ出し、タオルでからだをふくことになったのです。

どうですか？　橋本先生は、授業を通して少しでも水のたいせつさに気づいてほしい、考えてほしいと願っています。橋本先生の水の授業については『100年後の水を守る』（文研出版）という本に書かれています。

17

考えてみよう 5

わたしたちの生活は、水によってどれだけささえられている？

じつは、世界の水のつかいみちでは、飲料水をふくむ生活用水は、全体の8%でしかありません。
70%が農業用水で、22%が工業用水です。
地域ごとにばらつきはありますが、世界の水のほとんどは、食料や工業製品の生産のためにつかわれています。

乾燥地域でも大規模に栽培ができるよう、地下水をくみあげて大量に水をまくセンターピボット式の灌漑農法。

農業や工業をささえる水

食料や工業製品の生産には、食料を栽培するのに必要な水、家畜の飼育に必要な水、さらにその家畜の飼料を育てるのに必要な水、工業生産の加工や洗浄に必要な水など、大量の水を必要とします。地球上の水の多くは、人間の生活をささえる生産活動全体に利用されています。

グラフでチェック 地域によってちがう用途別水利用の割合

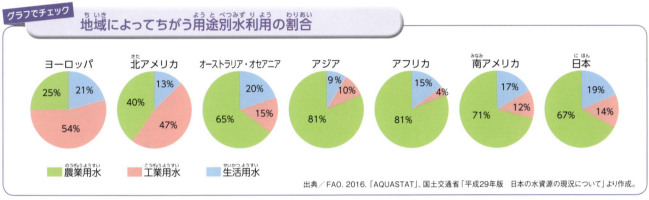

地域	農業用水	工業用水	生活用水
ヨーロッパ	25%	54%	21%
北アメリカ	40%	47%	13%
オーストラリア・オセアニア	65%	15%	20%
アジア	81%	10%	9%
アフリカ	81%	4%	15%
南アメリカ	71%	12%	17%
日本	67%	14%	19%

出典／FAO. 2016. 「AQUASTAT」、国土交通省「平成29年版 日本の水資源の現況について」より作成。

水使用量の急増

日本国内では人口が減少しているともいわれていますが、世界の人口は、ふえつづけています。人口がふえれば、その食料を増産しなければなりません。そのためにつかう水の量もふえていきます。2025年には現在の1.4倍の水が必要だともいわれています。

また、経済発展がいちじるしいアジアでは、水使用量が大きくふえています。さらに、2025年になると、現在水使用量の少ないアフリカや中南米も、水使用量がふえていく可能性が高いといわれています。

グラフでチェック 世界の人口と世界の取水量（使用実績）の変化

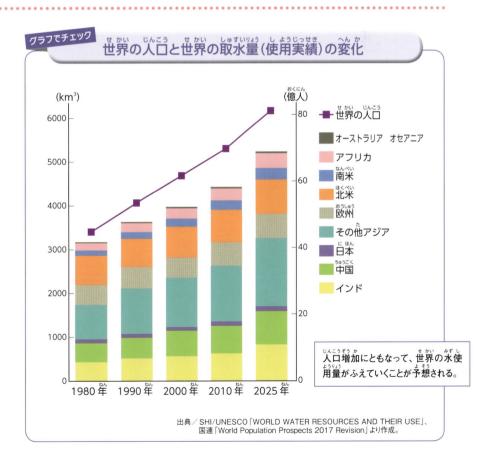

人口増加にともなって、世界の水使用量がふえていくことが予想される。

出典／SHI/UNESCO「WORLD WATER RESOURCES AND THEIR USE」、国連「World Population Prospects 2017 Revision」より作成。

もっと考えよう

ハンバーガー1個つくるのに水1トン！

毎日の生活につかう水以外に、食卓にあがる食べ物をつくるのにも、たくさん水がつかわれています。1kgのトウモロコシを生産するには1800リットル（1.8トン）の水が、牛肉1kgを生産するには約2万リットル（20トン）もの水が必要とされます。

ハンバーガー1個をつくるために、目に見えないところで大量の水がつかわれている。

目に見えない水

農作物を育て、家畜を飼育するには、じゅうぶんな水が必要です。水がなければ作物はかれて、家畜は死んでしまいます。

たとえばハンバーガー1個をつくるのに、1000リットル（1トン）の水（家庭のおふろの水5杯分！）が必要だといわれています。パンの原料となる小麦を育てるのに、水が必要だからです。くわえて、ハンバーガーの材料となる牛肉を生産するには、牛の世話をしたりするために必要な水のほかに、エサとなる穀物や草を育てるために、たくさんの水が必要とされます。これは、ぎゃくにいうと、水不足になったら、わたしたちの食べ物がなくなるということを意味します。

●食べ物ができるまでに必要な水の量

オレンジジュース1杯	ハンバーガー1個
2L ペットボトル 85本	2L ペットボトル 500本
カレーライス1皿	牛丼1杯
2L ペットボトル 547.5本	2L ペットボトル 945本

16ページでも見てきたように、必要な水の量を2リットルのペットボトルの本数で計算して、その量を想像してみるとわかりやすい。

日本は水の浪費国？

作物を育てるのにどれだけの水がつかわれたかを「バーチャルウォーター（仮想水）」といいます。日本では、自国で消費する食料の半分以上を海外からの輸入にたよっています。日本のバーチャルウォーターは、年間約800億トン。おもな輸入元は、飼育に大量の水が必要な牛肉を生産するアメリカやオーストラリアです。量は多くありませんが、中国やブラジル、アフリカの国ぐになど、開発途上国にも依存していることがわかります。

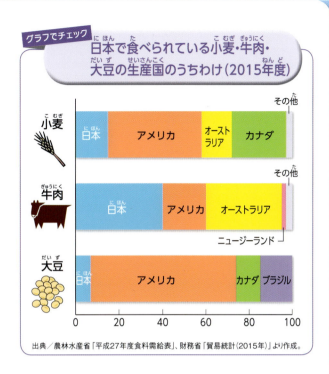

グラフでチェック　日本で食べられている小麦・牛肉・大豆の生産国のうちわけ（2015年度）

出典／農林水産省「平成27年度食料需給表」、財務省「貿易統計（2015年）」より作成。

● 日本のバーチャルウォーター輸入量（2005年）

2005年の試算によると、日本のバーチャルウォーターは1年間で約800億トン（一部木材などの産品もふくむ）が必要となる。日本の年間水使用量は約831億トン。それと同じくらいの量の水を海外にたよっていることになる。

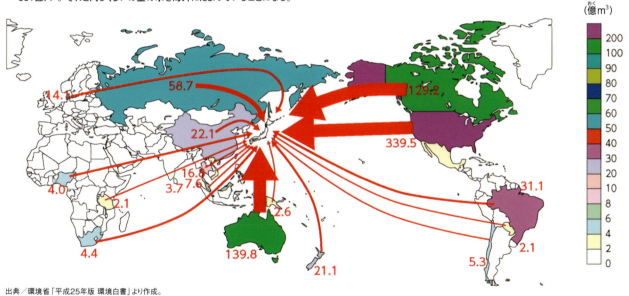

出典／環境省「平成25年版 環境白書」より作成。

バーチャルウォーター

食料や工業用製品などで、そのものをつくるときどのくらいの水がつかわれたか、水の量で計算してみようという考え方があります。直接水をつかっていなくても、間接的に水を消費しているわけで、これを「バーチャルウォーター（仮想水）」といいます。輸入した穀物や肉類、工業製品は、間接的に外国の水資源をつかっていることにもなります。育てる際に川の水を引いて、自然のめぐみだけをつかっているのであれば、水路をつくる手間くらいで、ほとんど問題にはなりません。しかし大量に栽培するとなると、地下水を大量にくみあげたり、川の上流にダムを建設すれば環境に影響したり、労働力が必要になったりします。

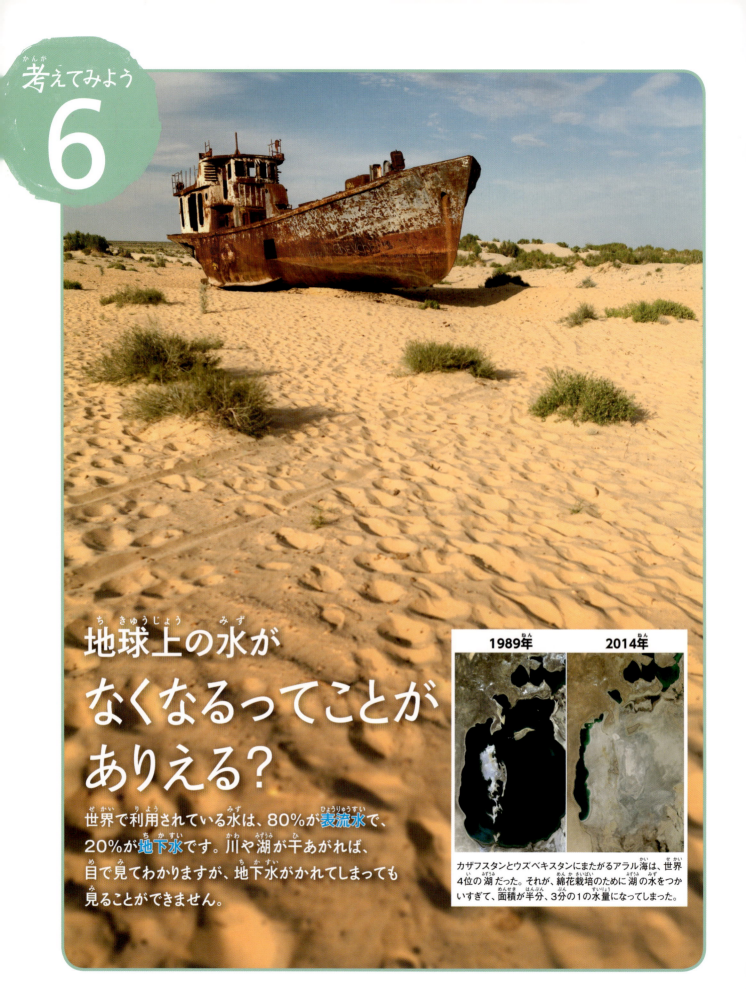

考えてみよう 6

地球上の水が なくなるってことが ありえる？

世界で利用されている水は、80％が表流水で、20％が地下水です。川や湖が干あがれば、目で見てわかりますが、地下水がかれてしまっても見ることができません。

1989年／2014年

カザフスタンとウズベキスタンにまたがるアラル海は、世界4位の湖だった。それが、綿花栽培のために湖の水をつかいすぎて、面積が半分、3分の1の水量になってしまった。

地下水が、かれていく

右の図は、NASAの人工衛星（GRACE）*のデータからつくられた帯水層（地下水をふくんでいる地層）の水量の変化を示した世界地図です。世界の37か所の主要な帯水層のうち、中国からフランスにかけての地域のほか、ヨーロッパやインド、ネパールなどで、水量がへりつつあります。なかでも赤い部分は、危険なレベルにあるところです。

*アメリカとドイツが共同で開発した地球重力探査衛星。

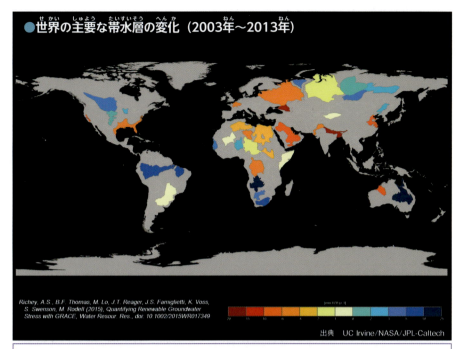

● 世界の主要な帯水層の変化（2003年～2013年）

青色がこいほど帯水層の水量があり、赤色がこくなるほど帯水層の水量がへりつつある。もっとも深刻なのはインドやネパールをまたぐ帯水層。ヨーロッパではコーカサス地方の帯水層が大幅にへっているのがわかる。

なぜ、かれるの？

地下水がかれる理由は、農業や工業などにつかうために、大量の地下水がくみあげられているからです。その量は、雨によって地下水がたまる量をはるかにこえています。とくに、作物の量をふやそうと、栽培のために大量に水をつかいすぎると、地下水はかれはててしまいます。アメリカやインドでは地下水がかれてしまい、農業用水が十分に得られなくなりました。農地がへりはじめています。

不圧地下水と被圧地下水

地下水には、浅い部分にある不圧地下水と、深い部分にある被圧地下水があります。不圧地下水は浅い井戸から得られ、気象条件によって夏がれがおきたりしますが、被圧地下水は深い部分にあって季節的な水位の変動は不圧地下水より小さく、大規模開発などがないかぎりかれてしまう可能性はありません。

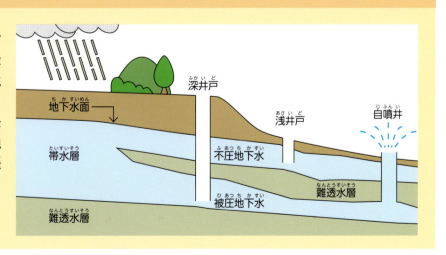

考えてみよう 7

そもそも、水はだれのもの？

「世界全体を見ると、すべての人にいきわたらせるのに十分なだけの水量が存在しているが、国によって水の流入量や水資源の分配に大きな差がある」(国連開発計画)といわれています。
世界では、水のうばいあいが原因の争いもおきています。

ナイル川は、11か国(エジプト、スーダン、ウガンダ、中央アフリカ、エチオピア、タンザニア、ケニア、ルワンダ、ブルンジ、エリトリア、コンゴ民主共和国)を流れる世界最長の川。その利用をめぐって、最下流のエジプトと、流域国10か国とで水争いがおきている。

水をめぐる争い

世界には、複数の国にまたがって流れる「国際河川」があります。国際河川の上流にある国が農業や工業、および生活のためにたくさんの水を引くと、下流にある国に流れてくる水の量はへってしまいます。また、上流の国がおこなう農業や工業によって川の水が汚染されると、その水は国境をこえて下流の国や地域まで流れていきます。その結果、下流の国や地域のつかえる水は少なくなります。これが、水をめぐる争いの原因となります。

水は共有の財産

23ページで見てきたように、地下水が大量にくみあげられると、地下水がかれてしまい、農業用水や工業用水が十分に得られなくなります。さらに、その周辺の地域にも影響がおよび、地盤沈下がおきることもあります。

地下水も川の水も、その土地をもっているからといって、勝手につかっていいわけではありません。

ライバルの意味は?

「ライバル」の語源は、ラテン語のrivalisで、「同じ川の水利用をめぐって争うもの」という意味です。ライバルは「水のうばいあい」から生まれたことばなのです。

また、日本人にとって、「湯水のようにつかう」というのは、お金などをあるにまかせてどんどんつかうことを意味しますが、アラブや中近東の国の人にとっては、「水のようにつかう」というのは、ものを本当に大事につかう、ことを意味します。砂漠であるのがあたりまえなアラブや中近東の国の人にとって、水はとても貴重なものなのです。

グラフでチェック 世界の水資源利用率(水使用量／水資源量*)

(単位：%)

#	国	%	#	国	%	#	国	%	#	国	%
1	クウェート	4500.0	12	中国	21.0	23	タイ	13.0	34	スイス	4.0
2	サウジアラビア	1185.0	13	ドイツ	21.0	24	オランダ	12.0	35	ナイジェリア	4.0
3	エジプト	134.0	14	カザフスタン	20.0	25	デンマーク	12.0	36	ルーマニア	3.0
4	ウズベキスタン	114.0	15	トルコ	20.0	26	ベトナム	9.3	37	マレーシア	1.9
5	イラク	73.0	16	シンガポール	20.0	27	世界	7.0	38	ニュージーランド	1.6
6	イラン	68.0	17	日本	19.0	28	インドネシア	6.0	39	スウェーデン	1.6
7	韓国	42.0	18	ポーランド	19.0	29	イギリス	6.0	40	アイルランド	1.5
8	インド	40.0	19	フィリピン	17.0	30	ハンガリー	4.9	41	カナダ	1.3
9	スペイン	33.0	20	メキシコ	17.0	31	アルゼンチン	4.3	42	ロシア	1.3
10	南アフリカ	30.0	21	アメリカ	15.8	32	オーストラリア	4.0	43	ブラジル	0.9
11	イタリア	28.0	22	フランス	14.0	33	オーストリア	4.0	44	ノルウェー	0.8

世界の国や地域では、水資源があってもつかえない人たちがたくさんいる。また、水資源利用率の高いクウェートのように、川や湖などが存在せず、国内における水利用のほとんどは、海水淡水化(→p26)によってつくられた水または下水の再生水だという国や地域もある。上記44か国のうち、日本の水資源利用率は17位で、日本は世界のなかでも水資源の利用率が高いほうだ。

出典／国土交通省「平成29年版 日本の水資源の現況について」より作成。

*降水量から蒸発散量が引かれ表流水・地下水となった水の量。

考えてみよう 8
海水を真水にすることができたら、水不足は解消できる？

6ページでも紹介したように、地球上の真水は、水全体の2.5％です。
そのうちわたしたちが飲み水としてつかえるのは0.01％。
真水以外の97.5％は、そのままではつかえない海の水です。
水不足の解消法として、海水から塩分などを取りのぞき、飲み水や産業用水を
つくりだす「海水淡水化」の技術が開発されています。

福岡県福岡市東区にある「海の中道奈多海水淡水化センター」。福岡都市圏の水不足対策として、海水から水資源を得るために開発された。左は施設内部。

© 福岡地区水道企業団

海水を真水にする

日本では、福岡県が、「海水淡水化」の技術を活用していることで知られています。人口の増加や生活レベルの向上などにともない、水使用がふえていた福岡の都市圏が新たに水源として選んだのが、目の前にある海でした。海岸沿いにプラント（生産設備）を建設し、「まみずピア」と名づけて2005年にスタートさせました。

1日5万㎥（約25万人分の生活用水に相当）の真水をつくりだす「まみずピア」は、2018年現在、国内最大級の規模といえます。

技術はあるけれど、お金がかかる

海水淡水化の技術は、すでに水不足で苦しむ中東の国をはじめとして、さまざまな国で実用化されています。しかし、この技術をつかうには問題があります。それは、多大なコストがかかるということです。ゆたかな国であれば設置は可能ですが、水不足におちいっている国のほとんどは、発展途上で経済的にまずしい国です。技術を買うお金がありません。技術の低コスト化が望まれています。

不公平な水使用

インドでは、水道や下水道、きれいな水を供給する設備が不十分なため、安全に飲める水が不足しています。それを解決しようと、ペットボトル用の飲料水を製造する工場がたくさんできました。しかし、水を買える人は、お金のある人びとです。

しかも、そうしたペットボトル工場のうち、乾燥地帯にある工場では、地下水を大量にくみあげてしまい、近隣住民の井戸がかれてしまいました。田畑にも水がとどきませんでした。

ペットボトルの水が買える人たちのために、その地域の水が費やされていて、地域にすむ人びとの水はうばわれてしまったわけです。

アラブ首長国連邦のドバイにある海水淡水化プラント。砂漠国であるアラブ首長国連邦の水資源は、海水淡水化に大きく依存している。

もっと考えよう

日本は飲食店の水を有料にすべき？

日本で外食すると、たいていの飲食店が最初から「水」を出してくれます。おかわりをしても、水代は料金にふくまれないことがほとんどです。外国では、水の無料サービスは、実はわずかです。考えてみましょう。

ディベートで考える

ディベートとは、英語で「討論」という意味です。ひとつのテーマに対して賛成か反対かという、2つのチームにわかれて、それぞれのチームが自分の意見を出し、また相手の意見に反対して討論をしていきます。ディベートの目的は、自分でよく考え、おたがいの意見を聞くことで、テーマを深く理解することにあるといわれています。すじ道をたてて自分の意見をはっきりということや、相手の意見をよく聞くことの練習になるともいわれています。

試しにやってみよう

「日本は飲食店の水を有料にすべき？」というテーマで、友だちや家族とディベートをしてみましょう。賛成派と反対派の2つにわかれて、それぞれの主張を考えるとともに、反論も考えてみましょう。

ディベートをする前に、それぞれの立場の主張に役立つと思われる資料やデータなどを集めてよく読んで、自分たちの主張をまとめます。チームごとにどのように主張していくかを話しあい、相手の反論も予想して対策を考えておきます。

ディベートの流れ

賛成派の主張 ▶ 反対派の主張 ▶ 作戦タイム ▶ 反対派の反論 ▶ 賛成派の反論 ▶ 両チームの最終弁論 ▶ 判定

順番に意見をいうのが基本。決められた時間のなかで、なんども主張しあう。

それまで出された意見を整理して、自分たちの主張を強化できるようにグループ内で意見をまとめる。また、相手側の主張の弱点を見つけ、そこに対し反論できる意見を考える。

審判は、あらかじめ考えておいた審査項目にしたがい、ひとつずつ判定していく。
審査項目としては、
● 主張の論理性
● 反対意見にきちんと答えられたか
● 最終弁論の説得性
● チームワーク
などがある

入れかえてディベートする

2回のディベートが終わったら、立場を入れかえて、もういちど同じテーマでディベートをしてみましょう。相手の立場や気持ちになって考えるよい練習になるといわれています。

ほかにも、水に関連したテーマを考えて、ディベートをしてみましょう。

水に関係するテーマの例

● ミネラルウォーターは水道水より安全だ。
　同意する？　同意しない？
● すべての学校のトイレを水洗にすべきだ。
　賛成？　反対？
● ダムは水資源の確保のために必要だ。
　同意する？　同意しない？

ディベートの例

有料に賛成派の **主張**

- 飲食店が無料で出す水は、どんな水だかわからない。水道水だとおいしくなかったりもするし、安全かどうかわからない。有料でも、安全なミネラルウォーターのほうが安心して飲める。

- 水道水だって料金をはらっているのだから、水は決してタダではない。それなのに無料で水をサービスするのは、水がたいせつだと思えなくなる。

- 世界では、安全でおいしい水を飲むことにとても苦労している国がたくさんある。その一方で、飲まないかもしれないのに、タダで水を出すなんておかしい。

有料に反対派の **反論**

- 日本の水道は、国が定めた安全基準にもとづいた水道水が送られている。わざわざミネラルウォーターを用意しなくても、ちょっとのどをうるおすくらいなら水道水で十分だ。

- 飲食店では、水だけでなく、サービスでおしぼりを出すところもある。水の無料サービスは、水がたいせつでないといっているわけではない。

- 水道をひねれば、おいしい水が飲めるということを感謝したい。しかも無料で出してくれるのだから、日本のサービス精神はすごい。

有料に反対派の **主張**

- 日本人には、水はタダ、と思っている人が多い。食事をするとのどがかわくから、おいしく料理を食べるために、お店がサービスとして水をおくのは全然おかしくない。

- おいしい水がほしくてミネラルウォーターを飲みたい人は、有料で注文すればいい。サービスで出される水でじゅうぶんという人もいる。

- 料理にお金をはらうのは当然だけど、家で飲んでもお店で飲んでもそれほど味がちがわない水に高いお金をはらうというのは、納得がいかない。

有料に賛成派の **反論**

- もはや、水はタダ、という思いこみをすてなくてはいけない。そのためにも、お店で水を有料で注文するというのは、水のたいせつさを気づかせるのにいいことだ。

- ミネラルウォーターと水道水をはっきりとわけるのはいい。ミネラルウォーターは有料、水道水は無料にすればよいのでは。

- ミネラルウォーターはお金がかかるもの。お金をかけているだけの味がするし、安全なはず。水の種類によって値段をかえれば、飲料水への考え方がかわる。

どう考える？

飲食店で水を無料でサービスするのは、日本ではあたりまえとなっています。来店した人をおもてなしする、という気持ちから水やお茶を出すのがふつうになっているのではないかという人もいます。くわえて日本がまれにみる「水道が飲める国」だということもあります。

しかし、海外では、水の無料サービスがあたりまえというわけではありません。「水道水が飲めない国」であれば、当然、有料のミネラルウォーターを注文することになります。それぞれの国の水道事情によって、水に対する考え方もちがってきます。

なお、日本はまれにみる「水道水が飲める国」ですが、近ごろでは、水道水を直接飲む人は少なくなっています。水道水には塩素がわずかにふくまれていることから、浄水器をつけてろ過して飲んだり、味のちがいをもとめてミネラルウォーターを買って飲んだりする人がふえているようです。

用語解説

本文中の覚えておきたい用語を五十音順に解説しています。

感染症 ……… p9
ウィルスや細菌などの病原体が体内に侵入して増殖し、発熱や下痢、せきなどの症状が出ることをいう。人から人にうつる伝染性のある感染症のほかに、破傷風やツツガムシ病などのように人から人へはうつらず、動物や昆虫から、あるいは傷口から感染する非伝染性の感染症もある。

工業用水 ……… p18
製造業などの産業活動につかわれる水で、原料用、製品処理・洗浄用、ボイラー用、冷却用などがある。いちどつかった水を回収して再利用している水もふくまれていて、回収利用が進んでいる。

高度経済成長 ……… p13
経済成長率とは、GDP（国内総生産）が前年にくらべて何％大きくなったか（または小さくなったか）をあらわす数字で、毎年の経済的ゆたかさの上昇率をあらわしたもの。日本の経済成長率は、1955〜1973年の約20年間にわたり、平均9.3％という驚異的な上昇率を示し、日本はめざましい経済成長と発展をとげた。

国際河川 ……… p25
複数の国や地域の境をまたいで流れ、海との交通が可能な河川を国際河川という。世界には国際河川が約260本あり、国際河川の流れる国は140か国ほどある。水が貴重な資源になるにつれ、国際河川の水資源を流域国がどうわけあうかが、周辺の国どうしの争いを引きおこしている。

国連開発計画（UNDP） ……… p24
国際連合（国連）の開発援助機関。開発途上国における貧困や飢餓などの問題を解決することを目的とし、開発途上国の人びとに対し、技術援助をおこなったり、災害からの復興を援助したりしている。

世界保健機関（WHO） ……… p14
国際連合（国連）の機関のひとつ。世界の人びとの健康や衛生環境を守ったり、向上させたりするための仕事をしている。

地下水 ……… p22
地表の下を流れている水や、大むかしから地下にたくわえられている水。

NASA ……… p23
アメリカ航空宇宙局（National Aeronautics and Space Administration）のこと。宇宙開発にかかわる計画を担当するアメリカの政府機関。

農業用水 ……… p18
稲作、畑作、畜産など農業生産につかわれる水。田畑では雨水を有効に利用し、不足分を水路から水を引くなど農業用水によっておぎなう。農業用水のうち、実際に消費される水量は、作物の葉や茎から蒸発する約1〜2割にすぎず、約6〜7割は使用後に川へもどり、約1〜2割は地下水になり、下流の都市や農地で再利用される。

表流水 ……… p22
川や湖などのように、地表面にある、水のたまりや流れにある水。

さくいん

あ行
大型台風 …………………………………… 11

か行
海水 ……………………………… 5, 6, 7, 10, 26, 27
海水淡水化 …………………………… 25, 26, 27
感染症 ………………………………………… 9, 30
工業用水 …………………………………… 18, 25, 30
降水 …………………………………………… 10
高度経済成長 ……………………………… 13, 30
国際河川 …………………………………… 25, 30
国連開発計画（UNDP）…………………… 24, 30
50リットルの水 ……………………… 14, 15, 16, 17

さ行
作土層 ………………………………………… 11
上下水道 ……………………………………… 13
浄水施設 ……………………………………… 9
蒸発 ………………………………………… 4, 10
水蒸気 ……………………………………… 4, 10
水道水 ……………………… 8, 9, 12, 15, 17, 28, 29
水道普及率 …………………………………… 8
水道法 ………………………………………… 8
鋤床層 ………………………………………… 11
生活用水 ………………………… 12, 13, 14, 15, 18
世界保健機関（WHO）…………………… 14, 30
節水 ………………………………………… 12, 13

た行
帯水層 ………………………………………… 23
ダム ………………………………………… 11, 21, 28
田んぼ ………………………………………… 11
地下水 ……………… 4, 6, 7, 8, 9, 21, 22, 23, 25, 27, 30
ディベート ………………………………… 28, 29

な行
NASA ……………………………………… 23, 30
年間降水量 …………………………………… 11
農業用水 ………………………… 6, 18, 23, 25, 30

は行
バーチャルウォーター …………………… 21
梅雨前線 ……………………………………… 11
橋本淳司 …………………………………… 16, 17
被圧地下水 …………………………………… 23
表流水 ……………………………………… 22, 30
不圧地下水 …………………………………… 23

ま行
真水 ………………………………… 6, 7, 26, 27
まみずピア …………………………………… 27
水災害 ………………………………………… 11
水資源 ………………………………… 21, 24, 25, 30
水不足 …………………………… 6, 11, 20, 26, 27
ミネラルウォーター ……………………… 28, 29

ら行
ライバル ……………………………………… 25

■監修
本間慎（ほんま・しん）

1931年新潟県佐渡・羽茂生まれ。元日本環境学会会長、フェリス女学院大学名誉教授（元学長）。東京農工大学名誉教授、日本学術会議元会員。現在、SADO伝統文化と環境福祉の専門学校校長。編著書に『新データガイド地球環境』『検証「環境ホルモン」』（ともに青木書店）、『おいしい水、豊かな土──足元から始まる環境問題』（フェリス女子学院）他。

■編集
こどもくらぶ（二宮祐子・根本知世）

「こどもくらぶ」は、あそび・教育・福祉分野で子どもに関する書籍を企画・編集しているエヌ・アンド・エス企画の愛称。図書館用書籍として、毎年10〜20シリーズを企画・編集・DTP製作している。これまでの作品は1000タイトルを超す。
http://www.imajinsha.co.jp

この本の情報は、特に明記されているもの以外は、2018年3月現在のものです。

■デザイン
こどもくらぶ
長江知子

■企画制作
(株)エヌ・アンド・エス企画

■写真協力
© Olga Khoroshunova ¦ Dreamstime.com、© Bgopal ¦ Dreamstime.com、© Sly - Fotolia.com、© Mopic ¦ Dreamstime.com、© Creativa Images - Fotolia.com、© Samrat35 ¦ Dreamstime.com、© paylessimages - Fotolia.com、© Shahin Mammadov ¦ Dreamstime.com、© Hajime NAKANO、© Itsmejust ¦ Dreamstime.com、© Cecilia Lim ¦ Dreamstime.com、© Goldution ¦ Dreamstime.com、© Hayk Harutyunyan ¦ Dreamstime.com、© V450505 ¦ Dreamstime.com、© AnnaReinert - Fotolia.com、© Станислав Саблин ¦ Dreamstime.com

---

環境学習に役立つ！ わたしたちの地球環境と天然資源 ①水

2018年 4月30日 初 版
2019年12月25日 第2刷

NDC450　32P　28×21cm

監　修　本間 慎
編　集　こどもくらぶ
発行者　田所 稔
発行所　株式会社 新日本出版社
　　　　〒151-0051　東京都渋谷区千駄ヶ谷4-25-6
　　　　電話　営業 03-3423-8402　編集 03-3423-9323
　　　　メール　info@shinnihon-net.co.jp
　　　　ホームページ　www.shinnihon-net.co.jp
振　替　00130-0-13681
印刷・製本　瞬報社写真印刷株式会社

落丁・乱丁がありましたらおとりかえいたします。
©Kodomo Kurabu 2018
ISBN 978-4-406-06244-2　C8336
Printed in Japan

本書の内容の一部または全体を無断で複写複製（コピー）して配布することは、法律で認められた場合を除き、著作者および出版社の権利の侵害になります。小社あて事前に承諾をお求めください。

©NASA

環境学習に役立つ！
わたしたちの地球環境と天然資源

全6巻

監修／本間 愼（元日本環境学会会長）
編／こどもくらぶ
NDC450　各32ページ

① 水
② 森
③ 土
④ 空気
⑤ 光
⑥ 熱